Une petite révolution vient de s'accomplir à la Bibliothèque nationale.

M. Henry Marcel a voulu réformer dans ses articles par trop désuets le vieux règlement de cet établissement qui remonte sinon à Pharamond, du moins à Louis-Philippe.

Les lecteurs se plaignaient notamment des heures prématurées de la fermeture. On leur donne satisfaction.

La grande salle de travail qui fermait à cinq heures ne fermera qu'à cinq heures et demie à partir du 15 septembre. Elle fermera à quatre heures et demie au lieu de quatre heures à partir du 15 octobre.

Voir:

"Reforme de la Bibliothèque du Roy- Paris 1845 in-12°.
par Paul Lacroix.

[B. N. Rés. Q. 812]

F. Goldschm

Paris, 1 Oct. 1905

LES LETTRES ET LES ARTS

M. Poète, conservateur adjoint de la biblio thèque Carnavalet, vient de terminer le classement des ouvrages confiés à ses soins. La bibliothèque contient deux cent cinquante mille volumes environ, exclusivement relatifs à Paris. Il n'existait aucun catalogue méthodique de ces documents. Aujourd'hui, grâce à M. Poète, c'est chose faite.

La Bibliothèque nationale possédait tous les premiers livres connus, à l'exception de deux seulement, imprimés en France de 1470 à 1500. On en comptait quarante et un.

Seuls lui manquaient le premier livre imprimé à Perpignan, qui appartient à la bibliothèque Sainte-Geneviève, et le premier livre de Narbonne qui est la propriété de la bibliothèque de cette ville.

Or, un quarante-deuxième livre des débuts de l'imprimerie en France était découvert dernièrement dans une bibliothèque privée. Ce livre, un bréviaire ayant appartenu à l'évêque Maugras, avait été imprimé à Uzès au quinzième siècle.

M. Marchal, conservateur des imprimés à la Bibliothèque nationale, a pu acquérir pour nos collections cet exemplaire unique au prix de 1,900 francs.

La Bibliothèque Nationale vient de recevoir notification d'un legs fort intéressant de M. Jacobé de Naurois.

Ce bibliophile laisse à cet établissement tous les manuscrits de Louis Racine, des lettres autographes de Jean Racine, Louis et J.-B. Racine, Nicole, d'Aguesseau, Voltaire; des livres annotés par Jean Racine et par André Chénier.

Il lui donne en outre un très beau portrait du grand Racine par J.-B. Santerre.

Mémoires

La comtesse de Beaulaincourt de Marles, née de Castellane, morte récemment, a laissé à la Bibliothèque Nationale les originaux du *Journal* du maréchal de Castellane (publié il y a quelques années par la librairie Plon) et ses *Mémoires ou Bagatelles sur mon temps*, qui ne pourront être édités que cinquante ans après la date du testament de la donataire, c'est-à-dire le 11 novembre 1953 au plus tôt. Mais la France existera-t-elle en 1953 et parlera-t-on encore français dans cinquante ans ?

Du *Figaro* :

S. Exc. le comte Tornielli, ambassadeur d'Italie, a offert hier à la Bibliothèque nationale, our le cabinet des manuscrits, un exemplaire es *Triomphes* de Pétrarque, qui est la reproduction en phototypie du manuscrit dont on t hommage au président de la République ors de son voyage en Italie.

Ce très beau livre a été écrit en caractères u moyen âge et enluminé par Nestor Leoni, t il est précédé d'une préface de M. Adolphe enturi, le célèbre érudit italien.

LA FEMME DE BON APPÉTIT

Dessiné et Gravé   par J.D. Martinet.

LE BAILLI (à Gros-Jean)

Fais ce que je te dis tu t'en porteras mieux.

Scene VII.ᵉ Page 35.

LES APRÈS-SOUPÉS
DE LA SOCIÉTÉ,

PETIT THÉATRE LYRIQUE ET MORAL

SUR LES AVENTURES DU JOUR.

Nouvelle Edition

IIIe. CAHIER.

TOME PREMIER.

A PARIS,

Chez l'Auteur, rue des Bons-Enfans, la porte cochère
vis-à-vis la Cour des Fontaines du Palais Royal.

M. DCC. LXXXIII.

Gros=Jean
Pages 11.
et 12.

Allegretto.

On croyoit que Perret-te al-

-lait perdre la vi-e, Et Lucas n'osait

voir sa femme qui souffrait. De-

-puis trois jours, Perret-te était à l'ago-

-ni-e, Lucas, depuis trois jours é-

-tait au ca-ba-ret; Et tout en buvant, s'écri-

-ait, On dit que le tems nous con-so-le,

Non, ventre-gué, quand le chagrin me

Airs Détachés.

2.

prend, Le tems s'en va clo-
-pin clo-pant; Quand j'ai du plai-
-sir, le tems vo - - le. Quand
j'ai du plai-sir, le tems vo - le.

Suivent les autres Couplets.

Allegretto.
Gros-Jean
Pages 17.
et 18.

Au ca-baret, compè-re, Je
suis tou-jours en-train: Loin de ma
mé - na-gè-re J'ai-me à boi-re le
vin; Je suis toujours en-train. L'a-

Airs Détachés.

-mour est a-gré-a-ble A faire à deux beaux

yeux; Mais ce n'est pas à table, Morgué, qu'on

le fait mieux, Mor-gué qu'on le fait mieux. *Suivent les autres Couplets.*

And.º con moto
Gros=Jean
Pages 31.
et 32.

Ah! quel mal-heur!

Berthe est donc morte! Tiens la dou-leur

Est par trop forte. Gros=jean, mon

fils: Ta pau-vre femme

A rendu l'â-me, Eh bien! tant pis!

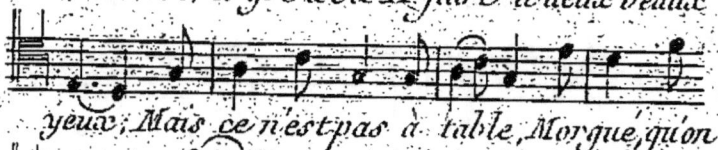

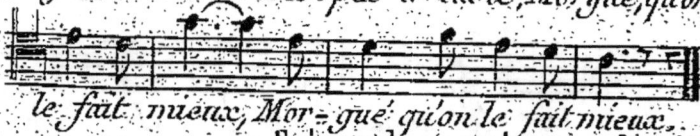

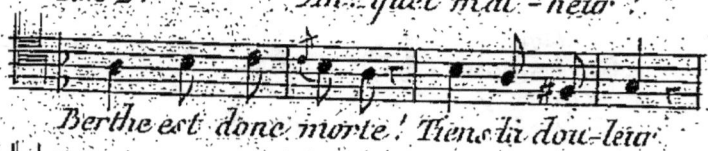

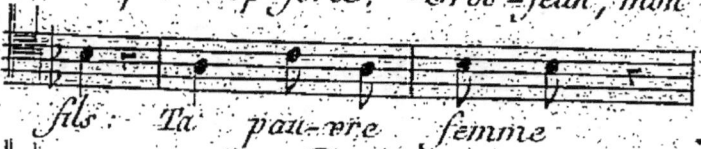

Suivent les autres Couplets.

Airs Détachés.

La Musique de cet Air est de l'Auteur des Paroles

RONDE.

1er Couplet.

Mathieu
Pages 36.
37. et 38.

Par un beau jour du mois de Mai Voulant es-say-er ma Mu-set-te; Par un beau jour du mois de Mai Dedans le bois je m'en al-lai. Dedans le bois je m'en al-lai. Rêvant au plai-sir d'amou-rette; Dedans le bois je m'en al-lai, Par un beau jour du mois de mai.

Suivent les 7 autres Couplets.

LA FEMME

DE

BON APPÉTIT,

OPÉRA COMIQUE.

EN UN ACTE.

Musique de M. le Chevalier Dalayrac.

NOMS

DES

PERSONNAGES.

MARGOT.

GROS-JEAN, mari de Margot.

MATHIEU, Barbier.

LE BAILLI du Village.

MATHURINE, Fille de cabaret.

Le Théâtre repréfente une place publique. La maifon de Gros-Jean eft près du cabaret. Il y a une table & un banc en dehors du cabaret.

On a laiffé aux Acteurs le foin de mettre, à leur volonté, des termes payfans; comme *un pu bieau,* pour *un plus beau,* &c.

LA FEMME
DE
BON APPÉTIT.

SCÈNE PREMIÈRE.
GROS-JEAN, MARGOT.

GROS-JEAN.

MARGOT, tu sais bien qu'au village,
Quand on parle de moi, chacun dit: c'est Gros-Jean.
C'est comme qui diroit, en un plus beau langage,
C'est le gros Monsieur Jean. Qui dit gros, dit puissant.

MARGOT.

Puissant & gros, c'est donc même chose ?

GROS-JEAN.

Sans doute.

MARGOT.

Eh bien ! tant pis pour toi.

GROS-JEAN.

Pour moi, mordienne !

MARGOT.

Ecou

C'est que la justice aujourd'hui
Ne veut plus qu'on le soit.

GROS-JEAN.

Qu'on soit puissant ?

MARGOT.

Eh oui.

GROS-JEAN.

Bon !

MARGOT.

Faut qu'apparemment ce ne soit plus la mode
Des maris puissans. Dieu merci,
Je suis aisée à vivre, & je m'en accommode.

GROS-JEAN.

Mais puisqu'on n'en veut plus, qu'en fait-on donc?.

MARGOT.

Pardi,

On les casse tout net.

GROS-JEAN.

Tout net ? quel radotage !
Jarni ! cela feroit un beau remue-ménage :
Mais je gage que non.

MARGOT.

Moi, je gage que si.

GROS-JEAN.

Mais, Monsieur le Curé, qui parle comme un livre,
Quand il nous maria, morgué n'étoit pas ivre :
» Enfans, le mariage au moins n'est pas un jeu «
Nous fit il : » Dès qu'on est capable,
» En s'épousant on fait un nœud,
» Et ce nœud-là tient comme un diable «.

MARGOT.

Dame, c'est qu'à présent ça tient moins qu'autrefois.

A 4

GROS-JEAN.

Ces nœuds-là ? non ; tout au contraire,
S'ils pouvoient se casser, il n'en resteroit guère.

MARGOT.

Ce matin, tu fendois du bois,
Je n'ai pas fait semblant d'entendre ;
Mais le Barbier Mathieu disoit tout en passant,
Qu'un arrêt venoit de se rendre
Pour casser un mari puissant.

GROS-JEAN.

Mais ventregué, Margot, faut que tu sois bien folle
Pour croire qu'un mari se casse comme un clou.

MARGOT.

Que sais-je, moi, comme on le casse :
Quand un clou ne vaut rien, que veux-tu qu'on en fasse
C'est toi, morgué, qui n'est qu'un fou.

GROS-JEAN.

Je suis un fou ?

MARGOT.

Sans doute.

GROS-JEAN.

Ecoute-donc, ma mie:
Sais tu que je me fâcherai?

MARGOT.

Eh bien, moi je te casserai;
Prends garde à toi.

GROS-JEAN.

Je t'en défie:
Si tu me casses, tu verras.

MARGOT.

Eh bien, que feras-tu?

GROS-JEAN.

Je te romprai les bras.

MARGOT.

Tu n'oserois, vilain ivrogne.

GROS-JEAN. (*il veut la battre.*)
Ah, ah! Je t'apprendrai, carogne.

MARGOT.

Va, j'en aurai justice, & tu me le paieras.
(*Elle sort.*)

SCÈNE II.

MATHURINE *est à son cabaret*, GROS-JEAN.

GROS-JEAN.

QUAND je me fâcherois, la rendrois-je plus sage!
    Non ; vaut mieux la laisser aller.
Si je suis trop puissant au fait du mariage,
    Pourquoi diable me désoler :
Morgué ! n'est-ce pas moi qui fournis au ménage !

(*à Mathurine.*)

Pour la faire enrager, je veux me régaler
D'un demi-septier de vin & d'un sol de fromage.

MATHURINE.

On y va.

GROS-JEAN.

C'est être bien fou
De vouloir, pour sa femme, amasser sou sur sou.

MATHURINE.

Ne vous faut-il plus rien, compère?

GROS-JEAN.

Mathurine,
Je mets tout par écuelle; apporte-moi chopine:
Dis au Barbier Mathieu qu'il vienne boire un coup;
Je veux me mettre en joie & chanter tout mon foul.

SCÈNE III.

GROS-JEAN.

PREMIER COUPLET.

On croyoit que Perette alloit perdre la vie,
Et Lucas n'ofoit voir fa femme qui fouffroit.
Depuis trois jours, Perette étoit à l'agonie,
Lucas, depuis trois jours, étoit au cabaret;
Et tout en buvant, s'écrioit:
On dit que le tems nous confole.

Non, ventregué, quand le chagrin me prend,
Le tems s'en va clopin clopant;
Quand j'ai du plaisir, le tems vole.

Couplet 2.

La pauvre femme étoit un Diable en son ménage,
Et le Diable, dit-on, la pansa du secret:
Margot en réchappa, dont ce fut grand dommage;
Car fallut que Lucas sortît du cabaret,
Et le pauvre homme s'écrioit:
On dit que le tems nous console....
Non, ventregué, quand le chagrin me prend,
Le tems s'en va clopin clopant;
Quand j'ai du plaisir, le tems vole.

(*Mathurine apporte un verre pour Mathieu,
& verse à boire.*)

SCÈNE IV.

GROS-JEAN, MATHIEU.

ENSEMBLE (*en trinquant.*)

QUAND le chagrin me prend
Le tems s'en va clopin clopant;
Quand j'ai du bon vin, le tems vole.

MATHIEU.

Qu'as-tu donc, mon ami Gros-Jean?
Te voilà bien en train.

GROS-JEAN.

Oui; mais en enrageant,
Avec ma femme encor je viens d'avoir querelle.

MATHIEU.

Tiens, le jour elle crie assez mal à propos;
Mais ce soir en rentrant chez elle

Elle s'appaifera fi tu lui dis deux mots :
Quand on fait bien la prendre, elle eft la douceur même.

GROS-JEAN.

Tais-toi donc : c'eft morguenne un écoute s'il pleut.

MATHIEU.

Elle fe brouille tant qu'on veut,
Pour fe racommoder de même.
Si, comme tu le crois, Margot ne valoit rien,
Monfieur notre Curé, qui s'y connoît fi bien,
N'en eût pas fait fa gouvernante.
Tu dois te fouvenir de fon premier mari ;
Blaife étoit un drôle aguerri :
Blaife s'en contentoit, elle en étoit contente.

GROS-JEAN.

Eh ! morgué ! tu veux plaifanter ;
Car comment le fais tu ?

MATHIEU.

Je vais te le conter :

✻

AIR.

La nuit, Blaise
Se sentant bien-aise
Aussi-tôt
Réveilloit Margot.
Autre qu'elle auroit pu se plaindre ;
Mais Blaise n'avoit rien à craindre :
Quand son vartigo lui prenoit,
Il lui disoit : Margot, retorne-toi, ma mie.
Margot, tant fût-elle endormie,
Se retornoit.
Ah ! qu'elle avoit une bonne ame !
Car, vois-tu bien ? la pauvre femme,
D'un son de voix bien radouci,
Lui disoit encor grand merci.

Au milieu d'une nuit profonde
L'éclair brille, la foudre gronde.
Blaise, effrayé,
Du coude pousse sa moitié :
» Margot ! Margot ! Dieu me pardonne,
» Je crois qu'il tonne. «

Tout en surfaut Margot répond :
Dis-tu pas que je me retorne ?
        » O mon Dieu non ! «
Voyez donc ; qu'est-ce qu'il me corne !
Blaise , faisant claquer ses dents ,
La mine pâle & consternée :
» J'ai dit qu'il a tonné «. Margot reprend : J'entends;
    Eh bien ! me voilà retornée.

Vois tu pas que Margot , que tu crois un démon ,
Est douce , quand on veut , comme un petit mouton !

GROS-JEAN.

Tiens , parlons d'autre chose : à ta santé , compère;
Au cabaret , morgué , je veux être garçon :
Je le serai bientôt tout-à-fait , je l'espère.

MATHIEU.

Comment ?

GROS-JEAN.

    Ce que j'en dis , ce n'est pas sans raison.
Est-il bien vrai , Mathieu , que l'on se démarie ?

MATHIEU.

Faut être pour cela bien puissant.

GROS-JEAN.

GROS-JEAN.

Tout de bon ?

MATHIEU.

Oui dà.

GROS-JEAN.

Bien vrai ?

MATHIEU.

Bien vrai.

GROS-JEAN.

Tant mieux. Faisons la vie ;
Je suis las d'engendrer de la mélancolie :
Tant que j'aimois Margot, j'étois comme un oison ;
Mais ce vin-là vaut mieux, comme dit la Chanson.

Couplet 1.

Au cabaret, compère,
Je suis toûjours en train :
Loin de ma ménagère
J'aime à boire le vin :
Je suis toûjours en train...
L'amour est agréable
A faire à deux beaux yeux ;

B

Mais ce n'est pas à table,
Morgué, qu'on le fait mieux.

MATHIEU.

Couplet 1.

Au lit, & sous la treille,
Ma femme a toujours tort;
Le bon vin la réveille,
Et puis le lit l'endort:
Ma femme a toujours tort....
La tienne est plus aimable;
Elle a le bon esprit
De bien dormir à table
Et de bien boire au lit.

GROS-JEAN.

Tu me fais là, morguenne, une vilaine histoire.
Comment diable sais-tu que ma femme fait boire!
Je n'ai pas d'esprit, moi, vois-tu; mais j'ai du cœur
Ma femme est ce qu'elle est.

MATHIEU.

Qu'est-ce qui te le nie

GROS-JEAN.

Je ne souffrirai pas qu'on touche à son honneur,
A moins qu'on ne nous démarie.

MATHIEU.

Ah ! je vois que tu veux te démarier.

GROS-JEAN.

Oui.

MATHIEU.

Comment t'y prendras-tu, Gros-Jean ?

GROS-JEAN.

C'est mon affaire.

Je suis assez puissant pour cela, Dieu merci !

MATHIEU.

Il faut aller d'abord trouver notre Bailli.

GROS-JEAN.

Pargué ! j'y vas ; laisse-moi faire.

(*Il sort.*)

MATHIEU.

Adieu.

❦

B 2

SCÈNE V.

MATHIEU.

JE donnerois un bon écu comptant
Pour rencontrer Margot, pour la mettre en colère,
Et lui persuader qu'elle en doit faire autant.
Monsieur notre Bailli, car c'est un bon vivant,
Sans être prévenu, se conduira de sorte,
Que nous allons bien rire aux dépens de Gros-Jean

SCÈNE VI.

MATHIEU, MARGOT.

MARGOT (*à part.*)

Je n'ai point rencontré le Bailli : mais n'importe,
Gros-Jean n'y perdra rien.

MATHIEU.

La voici juftement.
Eh ! bon jour, Margot.

MARGOT.

Bon jour, maître.
Ce matin, à propos, d'où vient donc qu'en paffant
Vous parliez d'un mari puiffant ?

MATHIEU.

Puiffant ! c'étoit de moi, peut être.

MARGOT.

Oh ! non. Mais qu'entend-on par là ?

B 3

MATHIEU (*à part.*)

Bon ! laissons-là venir.

MARGOT.

Qu'est-ce que c'est que ça ?

MATHIEU.

Couplet 1.

Vous le savez, vous voulez rire ;
N'avez-vous pas votre mari ?

MARGOT.

Gros Jean ne le fait pas bien dire ;
Son esprit est trop rabougri.

MATHIEU.

C'est qu'il n'est pas comme le nôtre.

MARGOT.

Mari puissant, ce m'a-t-il fait
En se dressant comme un piquet,
C'est un homme plus gros qu'un autre.
Je veux bien ce qu'il me dit là ;
Mais n'y a-t-il qu'ça ?

MATHIEU.

Couplet 2.

Vous n'en favez donc rien, comère?

MARGOT.

Non-dà, j'en jure. Eft-ce un Seigneur?

MATHIEU.

Oh! non.

MARGOT.

Un Savant?

MATHIEU.

Au contraire.

MARGOT.

N'eft-ce pas un titre d'honneur?

MATHIEU.

Point. Remontez jufqu'à la fource
De la puiffance d'un mari.

MARGOT.

M'eft avis qu'il eft bien nourri,
Jeune & beau, des écus en bourfe;

B 4

Je comprends affez jufques-là:
Mais n'y a-t-il qu'ça?

MATHIEU.

Couplet 3.

De votre erreur je fais la caufe,
J'ai parlé d'impuiffant.

MARGOT.

Par-dié,
Ce n'eft donc pas la même chofe?

MATHIEU.

Non vraiment; c'eft le contre-pié.

MARGOT.

Contrepié de puiffant ! tre-dame !
Il devoit perdre fon procès.

MATHIEU.

Ce mot veut dire, en bon françois,
Qu'il ne contente pas fa femme.

MARGOT.

Oh ! j'vous croyois, pour c'qui eft d'ça,
Tous dans c'cas-là.

MARGOT (*à part.*)

Couplet 4.

Gros Jean mentoit; Gros Jean me gronde,
Et toujours il faut lui céder.

(*haut.*)

La justice est pour tout le monde;
Mon mari l'est, je veux plaider.

MATHIEU.

Il est impuissant?

MARGOT.

Oui, compère.

MATHIEU.

Est-ce que la nuit ni le jour
Jamais il ne vous fait l'amour?

MARGOT.

Lui! fi donc!

MATHIEU.

Rien du tout?

MARGOT.

Mais guère;
Une ou deux fois tant seulement.

MATHIEU.

Mais tous les jours ?

MARGOT.

Petitement.

✳

DUO.

MATHIEU.

Il faut plaider : allez, comère,
Vous aurez raison de ceci.

MARGOT.

Il est impuissant, Dieu merci !

MATHIEU.

Mon Dieu, oui.

✳

Ensemble.

Remettez vîte votre affaire
Aux mains de Monsieur le Bailli.

MARGOT.

Je vais remettre mon affaire
Aux mains de Monsieur le Bailli.

MATHIEU.

Allez, comère.

MARGOT.

Oui, mon compère;
J'y vas sans faute, & grand-merci.
(*Elle revient en voyant le Bailli.*)

SCÈNE VII.

MARGOT, GROS-JEAN, M. LE BAILLI, MATHIEU.

LE BAILLI,

Tu dis donc que tu veux casser ton mariage ?
Pourquoi ?

GROS-JEAN.

C'est que je suis trop puissant pour Margot.

LE BAILLI.

Est-ce elle qui s'en plaint ?

GROS-JEAN.

Oui.

MARGOT.

Non.

LE BAILLI.

C'est bien dommage

MARGOT.

N'en croyez rien. Dis donc impuissant, gros nigaud.

GROS-JEAN.

Comment! impuissant! qu'est-ce à dire?
T'en as menti.

MARGOT.

Si-fait tu l'es.

(au Bailli.)

Demandez à Mathieu.

MATHIEU.

Ma foi! je le croirois.

LE BAILLI.

Vous le croiriez?

GROS-JEAN.

C'est qu'il veut rire.

Jarni! si ce n'étoit le respect....

LE BAILLI.

Allons, paix.
Tous les Parlemens, sur mon ame,

Pour te juger, Gros-Jean, seroient embarrassés;
    Car tu te crois trop puissant pour ta femme;
Et si j'en crois Margot, tu ne l'es pas assez.
Dis-moi d'abord sur quoi tu viens porter ta plainte;
Songe qu'un mariage, il faut t'en prévenir,
    Est un marché qu'on doit tenir.

GROS-JEAN.

    Tenez, morgué, je suis sans feinte,
    Voilà donc un marché conclu:
Quand l'un des deux y manque, il peut être rompu.

MARGOT.

Ah! Monsieur le Bailli, gardez-vous de le croire;
    Gros-Jean est un mal-avisé.
Pour tenir le marché, je n'ai rien refusé.

GROS-JEAN.

Pardi! je le crois bien. Ce n'est pas-là l'histoire.
Je m'en vais vous conter comme on nous maria.
Quand ma première femme un beau jour trépassa,
    Chacun me consoloit. Ma mère
Me dit, pour m'appaiser dans ma douleur amère;

Couplet 1.

Ah ! quel malheur !
Berthe est donc morte !
Tiens, ta douleur
Est par trop forte,
Gros-Jean, mon fils :
Ta pauvre femme
A rendu l'ame,
Eh bien ! tant pis !

Couplet 2.

Eh ! pourquoi donc
Te mettre en peine ?
Prends Jeanneton,
Ou Madeleine.
Ne pleure pas,
Disoit ma tante :
Sur plus de trente
Tu choisiras.

Et moi je répondis : Non, ne m'en parlez pas.

Couplet 3.

Dès que voici
Qu'elle rend l'ame,
Chacun ici
M'offre une femme:
Hélas ! & quand
Mourut ma vache,
Nul, que je sache,
N'en fit autant.

Couplet 4.

J'y pourvoirai,
Me fit ma tante;
Prends du Curé
La gouvernante.
Pour son trousseau,
Sans qu'on le sache,
T'auras la vache
Avec le veau.

LE BAILLI.

Ainsi tu pris Margot.

MATHIEU.

MATHIEU.

Afin d'avoir la vache.

GROS-JEAN.

Mais, morgué, je n'eus pas le veau.

MATHIEU.

Oh! que si fait.

LE BAILLI.

Gros-Jean, j'approuve ta demande:
Ce veau-là t'appartient, je veux qu'on te le rende.
Es-tu content?

GROS-JEAN.

Couci.

LE BAILLI.

De quoi vous plaignez-vous,
Margot? est-ce de votre époux?

MARGOT.

Oui, Monsieur le Bailli: sans tant de verbiage,
Gros-Jean n'est pas capable au fait du mariage.

C

GROS-JEAN.

Ce qu'elle vous dit là, c'est une fausseté ;
Car, fur ma foi, fans vanité.

MATHIEU.

Monfieur, pour éviter de nouvelles répliques,
J'eftime qu'il faudroit ordonner le congrès.
Vour pouvez exiger dix preuves authentiques
Du devoir conjugal.

MARGOT.

Tant mieux.

LE BAILLI.

Je le pourrois
Si j'étois rigide à l'excès :
Mais j'aime mieux ufer d'une extrême indulgence.

MARGOT.

Ah ! vous êtes trop bon.

LE BAILLI.

Ecoutez ma fentence :
» Gros-Jean, je vous condamne à prouver votre amour
» A Margot, feulement fix ou fept fois par jour. «

MATHIEU.

Tu vois que le Bailli n'est pas déraisonnable.

GROS-JEAN.

Mais c'est encor beaucoup.

MATHIEU,

Ce n'est rien.

GROS-JEAN,

C'est le diable!...

(au Bailli.)

Tous les jours?

LE BAILLI.

Oui. Faut-il ouvrir de si grands yeux?
Fais ce que je te dis, tu t'en porteras mieux.
Ma sentence est irrévocable.
Allons, embrassez-vous tous deux; & désormais
Ne songez qu'à bien vivre en paix.

(*Tandis qu'ils s'embrassent, plusieurs filles*
& garçons du village accourent.)

C 2

S C E N E VIII.

MARGOT, GROS-JEAN, M. LE BAILLI, MATHIEU, JEUNES GARÇONS & JEUNES FILLES.

MATHIEU.

APPROCHEZ, mes enfans; allons, que tout le monde
Prenne part à la fête en dansant une ronde.

(Ils se prennent tous par la main.)

R O N D E.

MATHIEU *chante.*

Par un beau jour du mois de mai,
Voulant essayer ma musette;
Par un beau jour du mois de mai,
Dedans le bois je m'en allai.

Dedans le bois je m'en allai,
Rêvant au plaisir d'amourette;
Dedans le bois je m'en allai,
Par un beau jour du mois de mai.

Par un bonheur, je rencontrai,
Dans un petit coin sur l'herbette;
Par un bonheur, je rencontrai
Lisette, dont l'air est si gai.

Lisette, dont l'air est si gai,
Passoit la main sur sa fauvette;
Lisette, dont l'air est si gai,
Trouvoit son oiseau bien changé.

Elle disoit : Qu'il est changé !
Qu'il est sot quand je suis seulette !
Elle disoit : Qu'il est changé !
Au même instant m'en approchai.

Au même instant la saluai
D'un petit air de ma musette;
Au même instant re-saluai,
Et puis après recommençai.

Et quand j'eus bien recommencé,
Sans que m'eût dit affez Lifette;
En voyant que j'avois ceffé,
Lifette me dit : C'eft affez.

» N'oubliez pas l'oifeau que j'ai,
» Mon ami, « me dit la fillette;
» Quand reviendrez, l'oifeau que j'ai
» Vous en fera bien obligé. «

F I N.

MADAME COLLET-MONTÉE,

OU

LE JEUNE HOMME

BIEN CORRIGÉ.

MONODRAME.

L'ACTEUR.

Une prude fort exigeante
Faisoit depuis six mois filer le sentiment
A son pauvre diable d'amant,
Qui toujours vivoit dans l'attente
Du dénouement.....
Un malheureux baiser, pris à la dérobée
Sur le front, sur la joue, ou même sur la main,
Etoit puni comme un larcin
D'une faveur très-décidée.....

La Dame rougissoit, se troubloit, avoit peur,
Et pour huit ou dix jours paroissoit irritée :
    Tant étoit chatouilleux l'honneur
    De Madame Collet-montée....
Un soir que le mari, la femme & son amant
    Soupoient ensemble tristement,
L'amant, toujours piqué des rigueurs de la belle,
    Tout de bon se désespéroit.
Tout fier de posséder une femme fidèle,
    Son sot mari, qui l'admiroit,
Comptoit tous les galans de Madame une telle,
Et puis d'une autre ; enfin sans pitié déchiroit
    Le beau sexe, auquel il offroit
    Sa Pénélope pour modèle.

(*Ici l'Acteur va contrefaire les trois personnages.*)

Paix donc ! mon cœur ; soyez indulgent, lui dit-elle....
    (Un bavard est souvent conteur ;
    Celui-ci l'étoit par malheur.)

A propos d'indulgent, parbleu je me rappelle
Un trait, lui répond-il, qui vous a fait honneur...
Puis à l'amant....
                        Refrain

Refrain de la chanson qui suit.

Je vais vous conter notre histoire.

(*imitant la voix de la femme.*)

Mais vous l'avez contée au moins cent fois, déjà.

(*celle du mari.*)

Mais je n'ai que ce plaisir-là.

(*celle de la femme.*)

Fi donc !

(*celle du mari.*)

※

La prude, qui redoute une indiscrétion,
Tâche de détourner la conversation,
Et dit :...

Le doux printems est la saison des graces.
Loin de lui reprocher les orages, les vents,...
Qu'il nous amène sur ses traces,
La terre aime à sourire à ses feux caressans,...
Et les oiseaux, épris de ses charmes naissans,
Le célèbrent dans leur langage....

D

La jeunesse est pour nous la saison du printems;
On doit même indulgence aux erreurs du bel âge....

(*contrefaisant la voix du mari.*)

Madame, je vous le disois,
Ce que j'ai fait un jour est un trait de sagesse;
Voyez comme on ne doit jamais
Désespérer de la jeunesse.....

Couplet 1.

Je ne sais trop par quel hasard
J'allois coucher avec ma femme;
Tout doucement, il étoit tard,
J'ouvre la chambre de Madame.
J'entends marcher à petit bruit:
J'avance, & je vois.....

(*contrefaisant la voix de la femme.*)

Il suffit.

(*celle de l'homme.*)

Laissez-moi conter mon histoire.

(*celle de la femme.*)

Mais vous l'avez contée au moins cent fois, déjà.

(*celle de l'homme.*)

Mais je n'ai que ce plaifir-là.

(*celle de la femme.*)

Fi donc !

(*celle de l'homme.*)

Parbleu ! je m'en fais gloire.

(*de l'ami, à demi-voix.*)

Dites toujours.

Couplet 2.

J'avance, & je vois un voleur,
(C'eft une chofe bien honteufe.)
Jeune, bien fait, l'air d'un Seigneur,
D'une figure avantageufe :
J'appelle mes gens à grand bruit.
Madame s'élance.

(*celle de la femme.*)

Il fuffit, &c.

(*celle de l'ami.*)

Dites toujours.

Couplet 3.

Ma femme, en s'élançant du lit,
Me dit, (*car elle a le cœur tendre :*)
C'eft un voleur, fans contredit.
Mais à quoi bon faire un efclandre ?
Je n'y vois honneur ni profit.
Elle avoit raifon. . .
          Il fuffit, &c.

Couplet 4.

J'interroge alors mon filou :
C'étoit un enfant de famille.
Il venoit de prendre un bijou
Dont la forme eft affez gentille.
Le bijou n'étoit pas petit;
C'étoit à ma femme. . . .
          Il fuffit, &c.

Couplet 5.

Tout en pleurant il m'avoua
Qu'en effet il étoit coupable,
Et qu'il prenoit ces chofes-là
Avec un plaifir incroyable.

J'ai tort, dit-il, je sens cela;
Mais le tems me corrigera.
Lui voyant l'ame repentante,
Je renvoyai sans bruit notre pauvre garçon,
Et je lui fis un beau sermon,
Dont ma femme fut très-contente.

(*à sa femme.*)

Quand il s'en fut, je vous le di,
Sa figure est heureuse, il n'est pas du tout bête;
Et je parierois sur ma tête
Que mon sermon l'a converti.

. . . . .

(*à l'ami.*)

Pour vous achever mon histoire,
Quatre ou cinq mois après, si j'ai bonne mémoire,
Je me trouve au lever du Roi.
Le premier homme que j'y voi, . . .

L'A m i.

Eh bien ?.. -
C'est mon voleur... -
Tout de bon!.. -
Oui, ma foi!

Couplet 1.

Ne voulant pas faire un esclandre,
L'Huissier de la chambre étoit là ;
Je lui dis : L'homme que voilà,
Je crois que je vais vous surprendre,
Cet homme.. - Eh bien ?.. - C'est un voleur....
Vous vous trompez, c'est un Seigneur. ...-
Je vous dis que c'est un voleur.

Un bijou de ma femme.... il est venu le prendre
Dans sa chambre à coucher..... la nuit. ...-
                                                Bon !...-
                                                Je l'ai vu....

Et l'a-t-il emporté ?.. .-
                            Non, il nous l'a rendu. ...-
L'Huissier me rit au nez, faute de me comprendre.

Couplet 2.

Oui, de nuit, moi, je l'ai vu prendre :
Je ne saurois douter du fait.
L'Huissier restoit tout stupéfait :
Mais mon voleur venoit d'entendre.
Il court m'embrasser sans façon,

Et me dit : « vous avez raison ;
« J'crois alors un grand frippon.

« Et si vous me voyez dans un poste honorable,
« C'est à votre sermon que j'en suis redevable. »

Madame, je vous le disois ;
Ce que je fis alors est un trait de sagesse :
Voilà comme on ne doit jamais
Désespérer de la jeunesse.

F I N.

Opus Completum

Munus Isidori "FLORIS-AUREI"

Bibliothecæ gentis Gallicæ

Lutetiæ, anno 1905

www.ingramcontent.com/pod-product-compliance
Lightning Source LLC
LaVergne TN
LVHW022025080426
835513LV00009B/878